AF455444

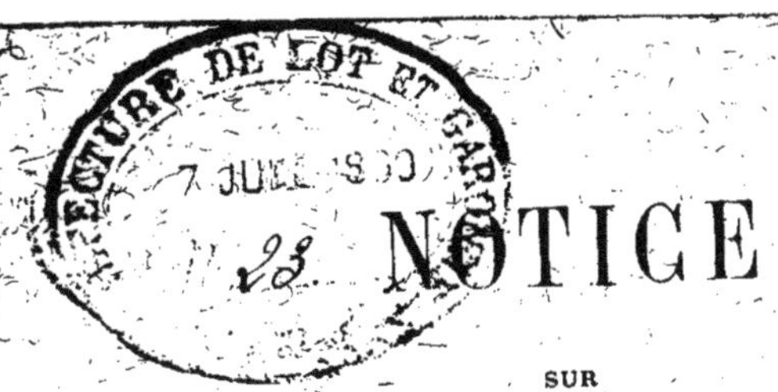

NOTICE

SUR

FRANÇOIS DE CORTÈTE

POÈTE AGENAIS DU XVIIe SIÈCLE

PAR

CHARLES RATIER

MEMBRE DE LA SOCIÉTÉ DES SCIENCES, LETTRES ET ARTS D'AGEN

PRIX: 75 Centimes

AGEN

IMPRIMERIE ET LITHOGRAPHIE Ve LAMY

1890

FRANÇOIS DE CORTÈTE

POÈTE AGENAIS DU XVIIe SIÈCLE

PUBLIÉ

SUR L'INITIATIVE ET PAR LES SOINS

DU FÉLIBRIGE PARISIEN ET DES CIGALIERS

NOTICE

SUR

FRANÇOIS DE CORTÈTE

POÈTE AGENAIS DU XVIIe SIÈCLE

PAR

CHARLES RATIER

MEMBRE DE LA SOCIÉTÉ DES SCIENCES, LETTRES ET ARTS D'AGEN

AGEN

IMPRIMERIE ET LITHOGRAPHIE Ve LAMY

1890

FRANÇOIS DE CORTÈTE

POÈTE AGENAIS DU XVIIe SIÈCLE.

A dix kilomètres d'Agen, dominant les bords gracieux et fertiles de la Séoune, le manoir de Prades s'élève, tout enmantelé de lierre, un peu au-dessus du point de jonction de la route de Puymirol et de celle de Valence d'Agen.

Est-ce, ou non, dans cette résidence bâtie par ses ancêtres que François de Cortète, seigneur de Prades et de Cambes, vit le jour? Toutes nos recherches pour l'établir étant restées infructueuses, nous sommes réduit à de simples présomptions pour l'affirmative.

Impossible aussi de préciser absolument la date de sa naissance. Nous pouvons dire seulement qu'il faut la placer entre la fin de 1585 et le commencement de 1587, sinon en 1586 même. Il existe en effet dans les archives de Prades un « Inventaire des titres produits par devant Monsieur Dupuy, conseiller et procureur du roy au présidial de Condom, commissaire pour les vérifications des nobles, avec le relaxe escript au pied en faveur de noble François de Cortète, escuyer seigneur de Prades »; lequel inventaire débute ainsi : « L'an mil six-cent soixante-six et le dixième jour du mois de septembre, a comparu noble François de Cortète, sieur de Prades, aigé de quatre-vingts ans.. . »

Nous ne possédons sur ce poète que de bien faibles indications biographiques. François de Cortète n'a pas dû occuper une place marquante dans les évènements auxquels il s'est trouvé mêlé, puisque l'histoire ne prononce pas son nom; en outre, ses goûts simples et son tempérament modeste firent qu'il n'a rien laissé dans ses écrits qui nous permette de le suivre au cours de sa longue existence. De celle-ci nous ne pourrons donc marquer que les grandes lignes.

Comme ses pères, il fut destiné à la carrière militaire. Consulta-t-on ses goûts ou usa-t-on de contrainte? Un passage de son testament autographe, daté du 6 septembre 1655, autorise peut-être la dernière hypothèse. Toujours y voyons-nous que son ardeur belliqueuse s'était alors fort refroidie. « Parceque, dit-il, je voy l'ambition de mon dict héritier ne compatir pas avec une vie réglée et sédantaire, tout son cœur estant au service et dens les factions militaires où semble qu'il doive confiner sa vie, cette humeur ne s'accordant pas avec le soing qu'un bon père doibt avoir pour l'éducation de ses enfants qu'il doibt observer et les former comme la tortue qui couve ses œufs en les regardant, j'apréhande avec une juste douleur... »

Placé tout jeune, en qualité de page, auprès de François d'Esparbès de Lussan, vicomte d'Aubeterre, plus tard maréchal de France, alors gouverneur du château de Blaye, il fut peut-être investi de quelque commandement sous les ordres de ce chef, mais on ignore ses faits d'armes.

Le 16 janvier 1608, par devant Barthélemy Bonde, notaire royal à Valence-d'Agen, il épouse sa cousine Jeanne de Caumont. De ce mariage naquirent trois enfants : Maximilien qui fut prêtre et curé de Saint-Christophe, paroisse sur laquelle se trouve le manoir de Prades : Jean-Jacques dont nous aurons à reparler et Marie-Brandelise.

En 1619, le 3 octobre, il est reçu habitant d'Agen.

Depuis ce moment nous perdons la trace de François. Nous le retrouvons servant sous le petit-fils du fameux Blaise de Montluc : Adrien de Montluc, comte de Carmaing, gouverneur du pays de Foix et des terres de Donnezan et d'Andorre. En 1639, il assista à la prise de Salces. Ce fut très probablement immédiatement après qu'il revint se fixer pour toujours en Agenais

Si les destinées de la muse Gasconne ne l'avaient pas fait rencontrer Adrien de Montluc, il est probable qu'après environ quarante années passées dans les camps, le seigneur de Prades aurait goûté un repos bien mérité dans ses terres et s'y serait éteint sans que sa mémoire eût à parvenir jusqu'à nous.

Le comte de Carmaing était un esprit cultivé, une sorte de Mécène pour les lettrés de cette époque, ainsi que l'attestent des dédicaces de Régnier et de Goudelin. François de Cortète eut-il l'occasion de voir chez son général l'auteur du *Ramelet*? Cela est très vraissemblable et aussi que nous devions à ses relations avec l'avocat Toulousain la première pensée des œuvres qui ont illustré le sous-dialecte Agenais cent cinquante ans avant Jasmin. Il est hors de doute, au moins, que la grande renommée de l'écrivain *Moundi* le frappa et put le déterminer à essayer de la langue d'oc comme instrument littéraire.

C'est à cette tentative consciencieusement et très heureusement menée jusqu'au bout qu'il employa les loisirs de sa retraite. Lorsqu'il mourut dans la petite ville d'Hautefage, le 3 septembre 1667, il laissait trois comédies en cinq actes et plusieurs compositions de différents genres; le tout inédit. Malgré le soin très grand qu'il apporta à ses travaux, il ne leur crut jamais assez de valeur pour mériter la publicité.

Jean-Jacques, le second de ses fils, pensa tout autrement. Il se fit l'éditeur de *Miramoundo* et de *Ramounet* ainsi que d'un sonnet et des stances très connues sous ce titre: *las Lèrmos del Grabè*. La comédie *Sancho Panso al palais del Duc* et quelques poésies légères sont encore inédites.

***

La critique et la bibliographie de François de Cortète n'ont été jusqu'ici traitées avec quelque détail que par trois auteurs, croyons-nous: M. Donnodevie, dans la *Revue des Langues Romanes*, en 1872; M. le docteur Noulet dans son *Essai sur l'histoire littéraire des patois du Midi de la France*; enfin, mettant à profit le précédent, M. Jules Andrieu dans sa *Bibliographie générale de l'Agenais*. Mais ce dernier a erré sur la date de naissance. « 1571, » et sur celle de la mort, « 1655 »; puisque nous avons vu François intervenir, en personne, à l'âge de quatre-vingts ans, dans un acte du 10 septembre 1666. M. Donnodevie, tout en estimant Cortète, ne l'a pas placé au rang qu'il mérite. M le docteur Noulet, en rabaissant au profit du poète de *Miramoundo*, le poète de *Françouneto*, n'a pas commis un excès de bienveillance envers le célèbre coiffeur Agenais.

Ces réserves formulées, nous utilisons, sans autres références, les travaux que nous venons de signaler.

On connaît de *Ramounet* quatre éditions; les trois premières chez Gayau, imprimeur à Agen: 1684, 1692 et 1701; la quatrième, 1740, de l'imprimerie Séjourné, à Bordeaux, qui en aurait peut-être déjà donné une en 1717.

La *Miramoundo* eut également quatre éditions chez l'imprimeur Agenais Gayau, en 1685. 1690. 1700 et 1701. Une édition de 1684 est indiquée par M. le docteur Noulet ; mais on n'en connait aucun exemplaire. Elle pourrait néanmoins avoir existé. En effet, dans la dédicace de cette comédie aux « Messieurs de la ville d'Agen, » dédicace écrite par Jean-Jacques et restée inédite jusqu'à sa publication en 1888, dans la *Revue de l'Agenais*, Jean-Jacques constate et explique la supérioté de *Miramoundo* sur *Ramounet*. Comment, en fils jaloux de la gloire paternelle, a-t-il édité d'abord la pièce qu'il jugeait la moins parfaite ? Il paraît certes plus logique qu'il ait commencé par *Miramoundo*, la première écrite d'ailleurs, et que le succès obtenu l'ait engagé à publier aussitôt *Ramounet*, en cette même année 1684. Et le succès ayant immédiatement épuisé le tirage, un autre serait devenu nécessaire : celui de 1685 que, par ordre de dates connues, nous avons inscrit au premier rang.

Nous savons bien que des termes de la dédicace de Jean-Jacques, il ressort que *Ramounet* parut avant *Miramoundo*. Mais, sans doute, ce n'est pas sans motifs que cette pièce est restée dans les papiers de l'éditeur. Deux explications se présentent : ou bien, en préparant la publication des œuvres de son père, il projeta un moment de donner en premier lieu *Ramounet* dont le sujet semblait devoir intéresser davantage le public et, dans cette disposition, il écrivit la préface ; puis y renonça, ayant livré *Miramoundo* : ou bien il composa cette préface pour la mettre en tête de la deuxième édition de *Miramoundo* et il ne l'imprima pas, précisément à cause de l'interprétation erronée qui en résulterait un jour. Nous n'avons pas les moyens de découvrir la vérité ; mais si l'une ou l'autre de nos suppositions se trouvait exacte, *Miramoundo* aurait été primitivement éditée en 1684.

L'édition de *Ramounet* de 1701 et celle de *Miramoundo*, de la même année, offrent cette particularité que, pour la première fois, un nom d'auteur y figure sous le titre. On lit : *RAMOUNET*, per J. J. D. Cortète. seignur de Prados et *LA MIRAMOUNDO, feito et coumpousado per noble J.-J. DE COURTETO, seignou de Prados*. Par quelle inexplicable confusion T. Gayau, ou celui qui lui donna à rééditer, attribua-t-il au fils ce qui revenait au père ? Cependant la dédicace à Louis d'Esparbès de Lussan, signée J. J D. C., c'est-à-dire Jean-Jacques de Cortète, et placée en tête de *Ramounet*, est assez explicite. Quoi qu'il en soit, les deux éditions de 1701, étant les moins rares, l'erreur se trouva longtemps accréditée que le poète

Cortète avait pour prénoms Jean-Jacques et plusieurs érudits de la région, ou d'ailleurs, l'ont écrit sans se donner la peine d'un contrôle pourtant si facile. Bien que la dédicace ne laisse aucun doute sur l'auteur véritable, nous allons ajouter la preuve la plus complète.

Si les manuscrits originaux ne sont pas signés et n'indiquent pas quel fut leur auteur, du moins le testament autographe de François de Cortète, non seulement est suivi de la signature et indique le prénom, mais encore il est manifestement écrit par la même main que les poésies. En voici le début : « Puisque c'est une chose ordonnée de Dieu que tous les hommes mourront une fois et que, dens la certitude de cette mort il n'y a rien de plus incertain que l'heure d'icelle, je François de Cortète, sieur de Prades, testateur soubs signé, ayant jugé que, pour laisser la pais et le respos entre mes enfants, il n'estait pas expédiant de remettre jusques au dernier jour de ma vie à disposer de mes biens sellon ma dernière volonté ; c'est pourquoi cet jourd'huy sixiesme de septembre mil six cents cinquante cinq, dans ma maison de Prades, etc. »

Comme la plupart des impressions de l'époque, toutes ces diverses éditions présentent un texte fort incorrect qui parfois dénature la pensée de l'auteur et même la rend incompréhensible. *Ramounet*, *Las Lèrmos del Grabè* et le *Sounet* ont subi en outre des corrections fort peu heureuses de Jean-Jacques.

Versificateur des plus médiocres, il s'est cru de force à retoucher. Rien ne prouve cependant que la mort surprit François avant qu'il eût donné la dernière main à ses compositions. Tous les manuscrits ne sont pas moins surchargés de corrections que celui de *Miramoundo*. *Ramounet* l'est assez pour montrer qu'un soin tout particulier fut apporté à cette comédie ; soit que l'inspiration eût été cette fois plus rétive, soit plutôt parce que la pratique avait rendu Cortète plus exigeant vis à vis de lui-même. La comédie de Sancho-Panso et les pièces fugitives témoignent du même travail : sauf quelques longueurs qu'on pouvait faire disparaître, le recueil était prêt à affronter le public. Si François ne songeait pas à le livrer à la presse, il l'avait si bien remis plusieurs fois sur le chantier, qu'il lui avait donné la plus grande perfection dont il était capable.

Néanmoins, Jean-Jacques s'attacha :

1° A modifier nombre de substantifs, d'épithètes et de locutions; soit pour éviter des répétitions, soit pour donner plus de grâce ou de force : cela, presque partout, au détriment du sel et de l'originalité.

2° A remplacer par d'autres des phrases ou des membres de phrase ; soit en substituant une idée nouvelle à l'ancienne qui valait toujours autant, et le plus souvent mieux ; soit en donnant à l'idée conservée une expression de son goût, ce qui n'équivaut pas à dire meilleure.

3° A supprimer quelques passages ou à les écourter. Sur ce point, il semble n'avoir eu raison qu'une seule fois : il a généralement élagué sans utilité et négligé ce soin là où il eût été employé à propos.

Ainsi, grâce à l'intrusion de l'éditeur mal avisé, ***Ramounet*** nous est arrivé en effet moins bien paré que ***Miramoundo*** ; tandis que, selon nous, la version authentique rend le choix difficile entre eux. De par le sujet lui-même et les situations qui en découlent, ***Miramoundo*** peut avoir plus de sensibilité, de finesse, de mots charmants; mais ***Ramounet***, moins recherché, est peut-être plus vrai. Le style de l'une, plus relevé, n'échappe pas à cette préciosité qui fut de ton dans les bergeries; celui de l'autre va plus droit au but; il se fait l'écho plus fidèle d'interlocuteurs choisis dans ce milieu. Au point de vue scénique seul, ***Ramounet*** est plus mouvementé, les caractères offrent plus de relief ; la peinture de mœurs est plus vigoureusement brossée ; l'intérêt général semble mieux ménagé par le piquant et la variété des épisodes.

Si nous insistons afin de relever ***Ramounet***, notre pensée n'est pas de rabaisser ***Miramoundo***. Certes, en tant qu'œuvre purement littéraire et mise de côté la figure qu'elle tiendrait au théâtre, elle touche à la perfection du genre pastorale.

François de Cortète n'aurait pas ambitionné un éloge plus grand, puisqu'il voulut d'abord écrire des pastorales et non des comédies. Les qualités naturelles de son talent l'ont fait se rapprocher de la Comédie dans ***Ramounet*** qui n'est guère pastorale que pour se passer aux champs et faire agir des paysans. Plus tard, soit simple tendance, soit conscience de son tempérament, il essaya de la comédie avec Sancho-Panso. Ici, il est vrai, l'invention n'est pas de lui : peut-être ne s'est-il proposé que son amusement en mettant en scènes et en vers la seconde partie de Don-Quichotte. Mais, si l'original est au-dessus de toute imitation, l'habileté que déploie Cortète en serrant de près Cervantès est si grande qu'on éprouve comme un surcroît de plaisir à retrouver en action les péripéties bouffonnes qui marquèrent le séjour du chevalier errant et de son fidèle écuyer chez le Duc et la Duchesse.

Créateur ou imitateur, Cortète se montre surtout peintre de mœurs et de caractères. Il possède les qualités essentielles de l'art dramatique tel que nous l'entendons : très vif sentiment des exigences scéniques, personnages nettement dessinés et vivants, dialogues naturels. Le goût de l'époque, tout à la prétention, laisse bien voir quelque bout d'oreille derrière ses villageois ; mais qui peut se flatter de se soustraire à ce genre d'influences? Lui, en tout cas, évite mieux l'écueil dans la comédie que dans les pièces fugitives. Qu'on lise ***Las Lèrmos del Grabè*** et le ***Sounet***, on y trouve, malgré leur mérite réel, cette enflure et cette afféterie tant appréciées de son temps ; tandis que la caractéristique du poète est la simplicité alliée à la distinction, une versification où l'élégance se marie à la facilité.

La langue de Cortète est une variété du sous-dialecte Gascon de l'Agenais ; variété différant assez sensiblement de celle qui existe à Agen. Linguistiquement parlant, le Bas-Quercynois est descendu presque jusqu'aux portes de la ville natale de Jasmin et a semé quantité de ses vocables sur les pays de coteaux qui bornent son horizon au nord et à l'est. Quant à la plaine, séparée seulement par la Garonne de la Gascogne proprement dite, sa conjugaison, tant en amont qu'en aval du fleuve, combine les formes de la rive droite avec celles de la rive gauche. A Prades, situé vers l'est d'Agen, dans la plaine mais au pied même des coteaux et à quelques centaines de mètres de la Garonne, ces deux grands traits de divergence existaient et existent encore. Le parler qu'on y entend aujourd'hui est, à part quelques termes inusités ou perdus et beaucoup d'autres corrompus par le mélange avec le français, le même qu'écrivit Cortète avec tellement de pureté qu'à l'attrait de la poésie ses œuvres joignent la valeur du document linguistique.

D'où vient après cela que cet auteur soit méconnu, disons plutôt inconnu de nos contemporains, même des Agenais? Le sort commet de ces injustices qu'on ne saurait assez déplorer. Nous estimons que l'admiration excitée chez nos pères par ces pastorales n'est pas une protestation suffisante ; que les splendeurs des Lettres Françaises, aux XVIIe et XVIIIe siècles ne justifient pas entièrement un tel oubli. Aussi souhaitons-nous qu'une édition nouvelle succède bientôt aux vieilles éditions si rares et si défectueuses. On ne tarderait pas alors à faire cas de Cortète selon son mérite.

Parmi ceux qui l'ont étudié, quelques uns n'hésitent pas à le placer au-dessus de Goudelin. Le fameux Toulousain, disent-ils, ne s'est exercé que dans des pièces fugitives ou de courte haleine; tandis que les comédies de Cortète ont exigé de sa part, non pas seulement plus de persévérance et de temps, mais un talent tout à fait hors ligne et une force de conception dont les écrivains n'avaient pas encore donné l'exemple. Ce point de vue nous paraît exact; mais il faut bien avouer l'infériorité de Cortète relativement à l'exécution et reconnaître qu'il est loin de posséder, au même degré, l'esprit, l'éclat, le mouvement.

Nous avons déjà parlé de la préférence que M. le docteur Noulet accorde à *Miramoundo* sur *Françouneto*; nous en avons surtout parlé parce que les termes qui formulent cette opinion l'entachent de quelque partialité. Si M. le docteur Noulet a simplement voulu exprimer que la touche littéraire résonne moins chez Cortète que chez Jasmin, nous partageons son avis et le disons très volontiers. D'autant plus volontiers que ce nous est une occasion de protester contre le travers où l'on tombe trop souvent de sacrer un écrivain populaire uniquement pour s'être servi du patois ou avoir tiré ses sujets du peuple, quels que soient d'ailleurs ses procédés, sa manière. Mais comme auteur dramatique, pour l'inspiration, la force, la concision, le choix des détails, l'effet général, quel écrasant adversaire nous opposons à Cortète en Jasmin!

***

Toutes les précisions ou considérations d'ensemble épuisées, le lecteur, embarrassé de recourir au texte lui-même, attend maintenant que nous lui fassions connaître par le détail les œuvres de François de Cortète. Nous allons donc aborder cette partie de notre étude, mais non sans appréhensions; car il faut nous borner à l'analyse courte et sèche qui déflore les sujets, surtout, ainsi que c'est le cas ici, ceux qui se recommandent plus par la grâce et le charme que par la force et la profondeur.

LA MIRAMOUNDO

Pastouralo en lengatge d'Agen.

La scène se passe entre des bergers, non loin de Prades, dans la campagne qui s'étend de la Séoune à la Garonne. Miramonde et Robert s'aiment. Cependant Miramonde est aussi aimée de Pierre, et Robert de Marion, pour qui Bertrand soupire. Or Pierre est plus riche que Robert, et Marion, espérant arracher ce dernier à sa rivale et le conquérir ensuite, joue le jeu de Pierre auprès du père de Miramonde, le cupide Guillaume. De ce côté, les choses marchent vite au gré de ses désirs. Guillaume enchanté que Pierre recherche sa fille, prétend la contraindre, la tient sequestrée et, malgré sa résistance, ordonne tous les préparatifs de noces. Il a compté sans l'amour. En vain Pierre s'empresse ; c'est Robert qu'épousera Miramonde. Pierrette, la mère, après avoir secondé de son mieux l'autorité paternelle, fléchit à la fin, en voyant dépérir son enfant. Elle reçoit Robert dans sa maison ; puis, un jour, se hasarde à lutter contre l'entêtement de son mari. Raisonnement et supplications étant impuissants, elle suit le conseil de Jean et de Bertrand qui tiennent pour Robert et pour Miramonde et permet que la bénédiction nuptiale soit donnée en secret aux amants. Le jour et à l'heure fixés par Guillaume pour le mariage de Miramonde et de Pierre, tous les invités présents, Pierrette dévoile le secret à son mari qui entre en fureur. Tout s'arrange pourtant, puisqu'il y a une fille cadette à donner à Pierre qui accepte, et qu'ainsi la bonne affaire ne sort pas de la maison. Quant à Marion, détachée de Robert à la suite d'une querelle simulée qu'il lui a cherchée, elle a déjà promis sa main à Bertrand qui l'a défendue et qui se trouve ainsi payé des bons services rendus à son ami.

On le voit, quoique la donnée soit très simple, l'intrigue se trouve assez compliquée par l'enchevêtrement d'intérêts si opposés. Les personnages sont si bien à leur place, qu'elle se dénouera sans effort en suivant le cours logique des choses. Dans son ensemble, l'invention n'a rien de fort original. Sans viser à l'érudition on établirait facilement une longue liste de ceux qui, avant Cortète ou depuis, ont traité un sujet très peu différent. Quel que soit le mérite de tel ou tel, nous ne savons pas qu'un autre se soit aussi préoccupé de retracer avant tout les mœurs, les usages et, par endroits, jusqu'à la façon de parler populaires. Encore moins un autre y a-t-il aussi bien réussi.

Faut-il de nouveau souligner çà et là une distinction trop grande pour des paysans? Sans doute, il y aurait lieu ; mais, soit dit une fois pour toutes, nous n'y songeons pas plus qu'à reprocher au contemporain de Henri IV et de Louis XIV de n'avoir appartenu à aucune de nos tapageuses écoles modernes. En d'autres termes, ne récriminons pas sur ce qui plut si grandement jadis ; mais examinons comment le poète s'est acquitté de sa tâche et laissons lui la parole.

Sont-ils sincèrement épris, naïfs, gracieux et persuasifs ses amoureux ! Ecoutons-les dialoguer : (*Acte 1er; scène I.*)

ROUBERT.

Miramoundo, moun tout, lou plase de mous èls,
La flou de la beutat, l'amou des pastourèls,
Que j'èi toutjour aimado e serbido à touto ouro,
Coumo un pastou fidèl diu serbi sa pastouro,
L'amou que j'èi per tu me douno lou trepas
Sio que posqui te beire ou nou te begi pas.
Ta beutat me tourmento e toun èl que lugrejo,
Me douno à cado èlhado uno amourouso embejo.
Jou mori de te beire e, sus aques poutets,
I fa tout à moun aise un, dus ou tres poutets.
Que tu me sembles bèlo à te beire parado !
Nou i a beutat al mounde à la tio coumparado.
Mais, coumo à tout rencountre el se dis per aci
Que tout aure a soun oumbro e cadun a soun si,
Que te sèrt d'esta bèlo e d'abe la car blanco,
Se tan, à moun doumatge, uno causo te manco :
L'amou, la bouno amou que me dibes pourta
A jou que n'èi plase que de te mignouta ?

MIRAMOUNDO.

Roubert, s'el es atal que jou sioi tan urado
D'abe quauco beutat que de bous sio presado,
E per mi bous ages tout l'amou que se diu,
A la boun'ouro sio ! Jou'n lausi lou boun Diu.
Mais d'oun bèn tout aço ? Qui bous mèt à la tèsto
Que jou n'agi que pauc de ço que j'èi de rèsto ?
Roubert, es-el poussible, à sabe moun imou,
Que jou sioi reputado abe manco d'amou ?
Qu'èi-jou fèit ? Qu'èi-jou dit ? Fasès-m'en lou reproche.
Noun pas lou mendre mout ni res que s'en aproche.
Al countrari el se bèi que jou n'aimi que bous,
Coumo l'an temougnat un milè de fabous.
Car el es auta cla que lou medis esclaire
Que tout ço que jou fau n'es res que per bous plaire :
Tantos jou bous espioi d'un bisatge risen ;

Tantos d'un bèl mouchoir jou bous fau un presen ;
Tantos damb un flouquet un poutet jou bous douni
Ou, me l'ajas per forço, e jou bous ou perdouni.
De faissou qu'à tout roumpre, el nou se pot abe
Autre be ni fabou d'uno filho de be.
E se bous sès toutjour sur aquelo doutanço
Que jou n'agi per bous uno bouno amistanço,
Touquen ma.

ROUBERT.

Touquen ma.

MIRAMOUNDO.

Jou juri daban Diu
Que jou bous aimi mai que belèu nou se diu!.....

Plus tard, lorsque leur amour est menacé, il faut entendre avec quelle énergie Miramonde défend cet amour auprès de sa mère, avec quel sans-façon elle éconduit Pierre pourtant si épris. On se sent ému par ses plaintes, vraiment éloquentes dans leur simplicité, lorsqu'elle se voit sur le point de ne plus pouvoir résister à son père: *(Acte III; scène IV.)*

MIRAMOUNDO, *touto soulo* :

Roubert, lou meu poulit, per qui moun co souspiro,
Garo coumo per tu l'on me douno l'estiro ;
Coumo de segne pai lou poude me coustren
A fa la bouloúntat de Peirot que me pren.
  Jou te quiti, Roubert, e, per m'abe serbido,
Tout ço que tu n'auras que jou ne sioi marrido !
Tout ço que tu n'auras ? helas ! noun pas aco ;
Car per gatge darrè, jou te laichi moun co.
Qu'un marit, se se bol, fasque ço que li placio ;
Jamai d'autre que tu n'aura ma bouno gracio ;
Jamai re que de tu jou n'aurèi pessomen.
De tu bèn ma tristesso e moun countentomen ;
Jou n'aimi re que tu ; damb tu, ma douço bito,
J'èi boutat moun amou despèi qu'èri petito ;
E damb tu j'èi biscut en milo passotems
Que tu trobes ses peno à touto ouro, en tout tems ;
Car, tan que sèn à masso assietats sur l'erbeto,

Tu me gratulhes l'amo amb quauco parauleto
Me dises tas amous ; ou fasèn à des jocs ;
Ou, las de nous pausa, nous leban à bès cops,
Ligan dus caps de bren, fasèn uno gimpolo.
L'un s'i mèt de sictous e l'autre lou brandolo :
Daulin-daulan, se fai, tout en lou brandoulan ;
E toutjour lou brandolo en fa daulin-daulan.

Oun es-tu, lou meu co ? helas ! pouiras-tu creire
Perque j'èi tant de tems damourat ses te beire ?
Perque l'èit de la sourdo ? Ou creiras-tu, Roubert,
Quan tout aquel afa se sara descoubert ?
Creiras-tu qu'on me forço e que jou me despiti,
De ço que per un autre el fal que jou te quiti ?
Las, segnur, quino peno ! Almens, lou meu souci,
Enten la tristo bouts que te souno d'aci !

Robert n'est pas moins triste dans ses confidences à Jean, un positif, celui-là, célébrant sa maitresse, la dive bouteille, en des termes enthousiastes que des libations récentes assaisonnent d'une émotion spéciale. L'opposition de ces deux ivresses, celle du vin et celle de la femme, est assez bien trouvée.

Guillaume incarne exactement le type du paysan obstiné et calculateur avant tout, supputant jusqu'aux moindres avantages que présente une union sur une autre, regrettant les dépenses longuement énumérées du trousseau et du mobilier. Comme il s'emporte en apprenant la résistance de sa fille et, plus tard, le mariage clandestin ! Comme il se calme vite quand on lui suggère le moyen de réaliser le profit rêvé ! Nous aimerions à le suivre, avec des citations, dans ces divers états d'esprit. Cela nous mènerait à trop de longueurs puisque aussi bien le mériteraient Pierrette résignée, douce et persuasive avec Miramonde, humble, suppliante puis intrépide avec Guillaume ; Marion, la fine mouche à conduire une intrigue ; Pierre, suffisant et maladroit ; Estève, le conseiller de bon sens. Il faut nous hâter ; la deuxième pastorale nous attend.

Avant d'aller à elle, signalons plusieurs tableaux aux curieux de vieilles coutumes ; notamment une grande partie de la première scène de l'acte I, où se voit la description de jeux disparus ou prêts à disparaître.

RAMOUNET

Ou lou paisan Agenes tournat de la guerro

Ceux qui rougissent de la province où ils sont nés et de la langue apprise dans leur village ne datent pas d'hier. Ils étaient jadis ce qu'ils sont encore, toujours d'un caractère assez bas, la plupart du temps d'une honorabilité douteuse. On coudoie les *Ramounet.* Ils ont si peu changé depuis que Cortète a fixé cette figure, qu'on la dirait copiée sur maints hommes de nos jours. Toutefois soyons justes en reconnaissant que le progrès s'est fait sentir jusqu'en ceci : autrefois les renégats de leur origine étaient montrés du doigt et point du tout estimés ; ils donnent le ton aujourd'hui ; on les admire presque ; du moins qui ne les imite pas passe pour un esprit faible, en attendant, pour peu que la tendance s'accentue, d'être honni.

Donc, Ramounet, un de ces cultivateurs dont l'ardeur au travail est caractérisée par le dicton vulgaire qu'ils *ont les côtes en long*, échangea l'assujettissement de la charrue contre les flâneries du sabre et le sarrau grossier contre le pourpoint galonné sur coutures. Il est de retour dans son pays, aux environs de Saint-Pierre de-Clairac. Rien n'égale sa jactance, si ce n'est la correction du français qu'il parle à la place de l'idiome maternel dont, malgré lui, il ne se souvient que trop :

.... Mon nom est l'Espéranço.
Y a-t-il d'un pastourèl à moi de comparanço?
J'ai benci plus de gens, murtri plus d'anemics
Que dans la froumiguèro on ne boit de fourmics.
Temoun, à ce parti, quan, dans la Mantoulino,
Le sarjan Gripo-Tout, forçant uno galino,
N'eut jamais la regarde. Il ausit trac, trac, trac
Et d'un coup de fusil le boilà patatrac.
Je le prends ; je le porte en lieu d'asseguranço :
Eh bien, ça me fit-il, moussur de l'Espéranço,
A bous toute la sarge et l'honneur du combat.
Lors je pousse, je tourne où milhou l'on se bat,
Romps, enfonce, les chasse ainsi qu'à du mainage
Et de ceux qui restaient j'en faisais companage.
De fèsson que de cent il en fut estroupié
Ou morts cinq-bingt quatorze et le resto haut le pié.
Tu ris ! Le faudrait boir et que tu l'assagissos !

.... un souldat de merito
Que l'on bit uno nuit, pel trauc d'uno garito,
Crier le Qui-bela? Qui-bela? Bos parla?
Armo, armo, le boici; tiro ici, tiro là!
Sur aqui lou pin-poun à lou bras, à l'espanlo.
Fermo ici, coumpagnouns, que personno nou branlo;
Mais ça! Donnez, truquez ne bous estaubiez poun
Et que la moitié tiro à bruller lou perpoun.
Or, l'anemic dounant à la désespérée,
Le boilà qu'il recule; il fait sa retirée.
Courage, mes amis, crions bibo le roi!
Ainsi qu'eusso l'on fait se nou fusso pas moi?

Ce vantard, on le verra, n'est qu'un lâche. Il a déserté, non sans avoir promis mariage à Charlotte, une pauvre fille assez aveugle pour l'aimer et lui confier l'argent de ses économies. Ce jour-là, pécule et fiancé disparurent. Charlotte les retrouvera, s'étant rendue, déguisée en garçon, sous le nom de Carlin, au pays de l'indélicat qui, sans la reconnaître, la prend pour serviteur. Elle feint de s'employer à ses intrigues et ne sort de son travestissement que pour le sauver de la pendaison lorsque Cléodème, son capitaine, le fait arrêter. Mais, au lieu d'anticiper, traçons avec ordre les lignes principales de l'action.

La belle Philippe, fille de Jacmot, a trois amoureux : Ramounet, dont elle se moque; Florimond, qu'elle renvoie de Pâques à la Trinité; Flourens, à qui elle ne prend pas garde. Jacmot est veuf. Veuves aussi, Lène, mère de Ramounet et Alis, mère de Florimond, qui rivalisent pour assurer la main de Philippe à leur fils, en convolant en secondes noces avec Jacmot. Autre rivalité : celui-ci est violemment épris d'Alis qui a pour prétendant un autre veuf, Laurent. Pour décider Alis, Jacmot s'engage, s'il a la chance de l'épouser, à donner Philippe à Florimond ; mais la rusée Alis ne se promet elle-même que si ce dernier mariage est d'abord accompli. Laurent, lui, espère l'emporter sur Jacmot en unissant sa fille Isabelle à Florimond qui persuaderait Alis. Si l'on ajoute l'intervention de Carlin ou Charlotte poursuivant Ramounet et l'aimant en dépit de ses torts, voilà semble-t il, une des situations les plus embrouillées qu'auteur aît pu concevoir.

Il n'a pas fallu à Cortète une dextérité commune pour éviter ici la monotomie et soutenir l'intérêt toujours croissant. Les passions jouent serré dans une série de tableaux qui révèlent une main de maître.

Les amours séniles, prises sur le vif, y sont rendues en toute vérité avec leurs emportements caducs et leurs âpres calculs :

ALIS à Jacmot

Lou paure entendomen d'un ome de bostre atge !
Fadeja tout lou jour coumo un petit mainatge,
Me parla de beutat, de gracios, de fabous !
Espias al mens las gens que se trufon de bous !
Dison que bous sès fol. S'es bertat ou messounjo
Nou se ; mais sur moun Diu, jou toumbi de bergounjo
Ausen tan de perpaus : car, outro tout aco,
M'apelas bostre angèl, hostre amou, bostre co ;
Fasès tan de foulhos e tan de simagrèios
Que tout lou besinat ne fai milo risèios.
N'abès pas bergougnasso, al mens, ome de Diu ;
Sounjas à la retrèto e fa ço que se diu.
Car, se bous desiras tratta de maridatge,
Tratten, mais douçomen, en ome de bostre atge...

Jacmot

Jou n'aure dus poutous.

Alis

Un repotis sul nas.

(*la baiso*)

Bilen treite ! Judas ! Bous gaffi !

Jacmot

Jou m'en douni.

Alis

Ah ! que lou diable sio, se jou bous ou perdouni,
Maichant ome, boulur, pinsou, lairou proubat !

Jacmot

Perque m'apèles bièl ?

Alis

Qu'ou sès.

JACMOT

M'as pla troubat!
Nou dansi touts lous jours, fau trento capirolos?
Mais sauti, garo te, muchan, uno, dios solos.
(*mesuro soun saut*)
Nou bela pas de l'ome enquèro per bint ans?
....

ALIS

He be! dounc bostro filho, après tant de remesos,
Espousara moun fil, seloun bostros proumesos?

JACMOT

Lou lendouma del tèrme, o be, ses i falhi.

ALIS

Après tan de delais, el es boun d'en salhi;
Que li boulès douna? sapien ou de bouno ouro.
Dus cents liuros lou mens?

JACMOT

Dus cents! diable s'amouro!

ALIS

Que dounc?

JACMOT

Cincanto escuts; pas un dinè de mai;
Uno couino garnido e lou be de sa mai.

ALIS

Sa mai, coumo eretèro abio be quauque moble?

Et l'adroite commère soutire au bonhomme mille renseignements sollicités par sa convoitise. Elle ne fait pas grâce du plus petit ustensile: le contrat de mariage viendra tout relater minutieusement. Le vieux fou ne remarque certes pas cette ténacité qui devrait lui ouvrir les yeux sur le mobile des complaisances — grandes, disent les méchantes gens, — qu'on lui a témoignées. Ils semblent toucher l'un et l'autre à la réalisation de leurs espérances.

Mais Laurent veille et n'entend pas qu'Alis lui soit ravie. Il persuade Ramounet que le seul moyen d'obtenir Philippe est que Lène devienne la femme de Jacmot ; puis sachant que Lène veut la fortune et le bonheur de son fils, il se joint à Ramounet pour la pousser à déployer contre Jacmot le bataillon des séductions féminines. Pauvre Lène ! elle cède aux conseils et aux supplications ; mais tenons-lui compte de son héroïsme, car voici le cri de sa nature révoltée:

Malopesto ! Jacmot ! Lou prene per marit !
Abalisque lou bièl ! N'ès dèja mièi pouirit.
E jou lou besi coueit al toumba de la fèlho.
.... un lard rance qu'escoi
Que n'a que la coudeno e ta sec coumo un boi !...
Un biel caro ridat que n'atten que la mort !
Dounas m'en quauque jouine e nous bela d'accord.

La lutte est ouverte entre toutes ces rivalités d'abord sourdes puis hautement déclarées. L'invective menaçante et le terme cru font leur partie à grand orchestre dans deux scènes qu'il faut placer parmi les meilleures connues en ce genre.

L'une, entre Laurent et Jacmot, en présence d'Alis, est comique dans toute l'acception du mot et, avec intention, va jusqu'au grotesque. L'impétueuse montée de la dernière sève met les deux vieillards hors des gonds. Si leurs muscles faiblissent devant les arguments d'antan, leur langue les venge, chargée d'aménités inénarrables.

LAURENS

Nou sèn pas coumo bous ; nous pichan pas sul gaule.

JACMOT.

De fort que bous sès bièl, èi poù que bous rebas.

LAURENS

Lou bi nou bal re plus quan rajolo ta bas.

JACMOT

E lou bostre, bounome, es tan agre que peto.
Temoun, quan tout sailat dedins bostro capeto
E que bous passejas per aquestes cantous,
On n'aus qu'un put! put! put! Al diable bièl petous !
.... Cap de Pilato !
N'abès lous perpels d'ambre e lous èls d'escarlato,
Glourious !

L'autre querelle éclate entre Alis et Lène. Elles y apportent, au début, la diplomatie et les réticences de personnes aigries comme il convient. Leurs récriminations cachent peu la déclaration de guerre qui cherche à surgir. Tout prétexte est bon, en pareil cas; surtout, chez le peuple, le plus futile. Jugez donc! la volaille de l'une gratte le jardin ensemencé de l'autre. Se fâcher pour une poule et treize poussins, réplique-t-on, alors que votre porc a dévoré tous mes choux!... Chacune riposte avec ironie. C'en est assez: les têtes se montent; les menaces se croisent; les injures se multiplient et descendent très promptement jusqu'à la plus sanglante pour une femme. L'intervention de Ramounet devient nécessaire pour tirer d'embarras Lène contre laquelle Alis s'acharne.

On nous saurait gré certainement de reproduire sans coupures les scènes II et III, si vraies, du quatrième acte. Cela permettrait de juger si nous nous avançons trop dans notre dire. Le défaut d'espace nous en empêche. Donnons simplement un extrait, non pas un aperçu, en choisissant les traits hardiment décochés que voici. Tant-pis si quelqu'un oublie que la langue d'oc jouit de libertés latines interdites au français.

Alis

.... Jou nou soui pas aquelo
Que bous me reputas: acos bous que sès elo.

Leno

Que sès bous, bèlo ninfo ?

Alis

Uno fenno de be.

Leno

Tout lou mounde sap be que bous nou balès re.

Alis

Que jou nou bali re?

Leno

Bous metisso.

Alis

Anas, guso,
Bous nou sès pas aquelo oun l'apetit s'aguso;
Permo que sès enquèro aqui prou la la la.

LENO

Minjas, al noum de Diu, ço que bous fai parla.

ALIS

Que me respoundres bous, se parli de dios filhos?

LENO

Quinos filhos, digas ?

ALIS

Ha ! parabast, cinq quilhos!

LENO

Ardi, bous ou dires!

ALIS

Carra me debanda:
Dios filhos qu'abès fèit, estan à marida.

LENO

Ha! paciençо de l'aule! ausès aquelo trèto !
Jou soui fenno d'aunou.

ALIS

Tout autan que put ètro.

LENO

Put ètro bous metisso, e puto fures be,
Lou bèl jour de Sen-Jouan, noun pas fenno de be,
Quan Jacmot bous coundut al mièi d'uno mesturo.

ALIS

Per que fa!

LENO

Jou nou se.......................

Après ces amants grotesques ou avides, desquels il ne convient pas de séparer Ramounet, il nous faut bien, au risque de tomber dans des redites, nous occuper des amoureux intéressants qui suivent, sans arrière pensée, le cours de leur inclination.

Florimond, à bout d'arguments devant Philippe insensible, cède à une de ces inspirations maladroites dont l'amour véritable est coutumier. Il dépeint à la rebelle, sous des traits de monstre, la fille vieillie ne rencontrant plus à qui s'attacher. Il espère la prendre par le sensible en lui montrant la beauté remplacée par la laideur et les infirmités répandues sur sa personne, l'isolement autour d'elle, jusqu'aux enfants la fuyant ainsi qu'un épouvantail. Philippe est en effet frappée par ces considérations, demande à réfléchir et conserve malgré tout son aversion pour le mariage.

Elle sera cruellement punie, la malheureuse. La vue du jeune Carlin fait tout-à-coup surgir et vibrer en elle la fibre qui lui manquait jusques là : c'est que Charlotte est séduisante sous son travestissement. La passion envahit Philippe avec une rapidité et une violence contre lesquelles elle s'irrite sans pouvoir se maîtriser. Quelle chute ! Quelle honte ! Qu'est devenue sa fierté à ne pas ressentir les faiblesses du cœur ?

Pauro Philipo, helas! aurios-tu la pensado
De coumpara ta hounto à ta bito passado ?
Aros qu'un mistoufiet, bengut jou nou se d'ou,
Te parço d'un regard coumo d'un parçadou ;
Aros que soun bel èl te douno milo alarmos
E, ses para lou cop, tu li rendes las armos ;
Aros qu'un aulheret, deguisat en angèl,
Te brullo, te gresilho, à tu qu'ères de gèl,
Miserablo Philipo, aurios-tu lou couratge
De regarda toun pai ni lou mounde al bisatge ?
Podes tu ses bergounjo oublida toun imou ?
Nou sios pas ta fripouno : estujo toun amou.
　L'estuja, pauro filho ! aros que tout m'escapo,
E que, foro de jou, l'inpacienço m'arrapo !
Inpoussible ! Inpoussible !..

Ce monologue procède d'une analyse juste quoique minutieuse. Une entrevue de Philippe et de Carlin le suit. La scène très fouillée également, est des plus attachantes. Carlin remplit un message de Ramounet ; il flatte la belle dont les sentiments à son propre endroit sont visibles et qui ne tarde pas beaucoup à lui faire des avances directes, tout en mandant au diable le soldat suffisant qui la convoite. Carlin se récrie, venant au nom et pour le compte de son maître. Puis, très habile dans l'enchaînement de ses discours, désirant avoir Philippe pour alliée et la détourner de Ramounet, il arrive insensiblement à raconter l'aventure de celui-ci avec une fille dont il se dit, lui, le cousin germain venu pour avoir les écus. Cette demiconfidence lui attache davantage Philippe qui consent à simuler du penchant pour Ramounet et à lui donner des espérances.

Cela rentrait dans les plans de Charlotte. La vaillante fille sait à merveille ce qui s'ourdit autour d'elle en vue de capter Jacmot ou de décider Alis ; elle tient dans ses mains tous les fils de l'intrigue et les tire à volonté. Sans qu'on la soupçonne, elle conduit tout vers le but qu'elle poursuit et qu'elle atteindrait certainement si un brusque dénouement ne se produisait. Ramounet, déserteur, est pris et va être pendu. Charlotte se fait reconnaître du capitaine, Cléodème, et la grâce de Ramounet lui est accordée à la condition que le condamné épouse celle qu'il a trompée.

Philippe donne sa main au lieutenant de la compagnie. Flourens et Menjou désespérés, s'engagent au service du roi. Quant aux veufs et aux veuves qui ont rempli des épisodes si curieux, on se demande leur fin. L'auteur garde le silence ; ce en quoi il ne nous laisse pas satisfaits.

Voilà, résumée à la hâte, cette comédie intéressante par la structure et relevée par une observation exacte. S'il faut quelquefois lui reprocher de la prolixité, n'oublions pas ce qu'était le théâtre lorsqu'elle fut écrite. Souvenons-nous surtout que François de Cortète ne composa ni pour les spectateurs ni pour les lecteurs indifférents. Un petit nombre d'amis lui donnait ses suffrages ; il s'en contenta. S'il avait eu des visées à la publicité, il possédait un goût trop pur et une culture intellectuelle trop développée pour ne pas condenser ses œuvres et les élever ainsi jusqu'à la perfection.

SANCHO-PANSO

AL PALAIS DEL DUC.

Dispensons-nous d'analyser cette troisième pièce. Le souci que nous en prendrions serait superflu, déplacé même, ayant expliqué plus haut qu'elle s'inspire du chef-d'œuvre si répandu de Cervantès. Précisons que les cinq actes de Cortète mettent sur pied les aventures contées principalement du chapitre XXIX au chapitre LIII, dans la deuxième partie : cependant d'autres passages se trouvent utilisés ou visés. Les personnages sont identiques, moins quelques acteurs secondaires créés par le poète soit pour agir suivant les indications du romancier, soit pour apporter, d'une façon discrète, une note personnelle rigoureusement dans la tonique.

Sancho-Panso n'a jamais été imprimé. Seul M. le docteur Noulet en donna quelques vers dans le travail que nous avons nommé, tiré, voici trente ans, à une centaine d'exemplaires et par conséquent à peu près inconnu. Puisque nous en possédons la copie que nous avons prise nous-même sur le manuscrit de Cortète, nous allons en offrir divers extraits, nous bornant, avant chacun, à indiquer très brièvement la situation.

Sancho, précédant son maître est introduit au palais et se présente à la duchesse :

Madamo, don Quichoto, un errant de la Mancho,
E jou, soun escudè, que l'on apèlo Sancho,
— Car Panso acos moun chafre ou pulèu moun surnoum, —
Doun bous abès, pot-èstre entendut lou renoum,
Passan dessus un pèch qu'es prèsque uno mountagno,
El e jou bous besen al ras d'uno campagno,
Brabo, tout à chibal, un ausèl sur lou pun,
Me digout : Garo-te ; la damo qu'à tal pun
Se morgo e près de qui tan de mounde se ranjo
N'es pas un cendralhou que se bouisse à la manjo.
Part biste... et cœtera... Tu sabes lou diugut.
Jou dounc, Sancho, he ! hai ! he ! hai ! jou soui bengut
Per bous fa de sa part milo ofros de serbici,
Doun lou mendre de touts que sio de soun ofici
Es de tia cent gigans ou moros encantats.
Bertat es que souben l'apilon de patats,
Quan lous nacremanciens, qu'an las damos charmados,
Las gardon per un autre e per el las gourmados.

La réputation de Don Quichotte est bien connue du Duc et de la Duchesse. Aussi prévoyant un passe-temps peu ordinaire, l'accueillent-ils avec des honneurs solennels et dérisoires. Le Duc complimente en termes excessifs le Chevalier qui, grisé d'orgueil, s'écrie : Permettez

Que lou bras retroussat, lou co tout en furio,
Jou gagni din tres jours touto la Barbario
Despèi lou cap de Zou juscos près de Barca ;
Nounostan lou peril qu'el i a de l'ataqua.
A tal pun, qu'abe pres lou gran Turc per la barbo,
Batut sous batalhous coumo on bat uno garbo
E fèit un gran achis de Turcs et de Marrans,
Jou rehaussi l'aunou des chibaliès errans.

Au cours de ces compliments prolongés, Sancho ne tient plus en place: un souci le ronge. Tout à coup, avisant la duègne qui le prendra de haut, certes :

A perpaus de moun ase ! Estro... Madoumaisèlo....
Que jou sapi de bous coumo l'on bous apèlo ;
Car jou nou'n sabi res que bous nou m'ou digues.

DUÈGNO RODRIGUÈS

Lou noum dount on m'apèlo es duègno Rodrigues
De Grafalba, boun ome. He be ! nou bous desplase,
Que i a ?

SANCHO

Pas autro causo : el es questiu d'un ase
Que jou, boutan pè terro, èi laichat tout soulet.
Or, de poù que s'escarte à fauto de bailet,
Plairio-bous de li rendre un serbici noutable,
De boule l'ana prene e lou mèttre à l'estable ?

La querelle s'envenimant, des propos peu galants et salés sont tenus. Le Duc et la Duchesse obtiennent une diversion en ouvrant la série projetée des mystifications. A chaque minute, Sancho patauge dans une nouvelle sottise tandis que Don Quichotte raconte comme des faits ses rêves fous. Après le festin, les tribulations de Sancho commencent.

Nous sommes à la cinquième scène de l'acte second, scène alerte qui soutient la comparaison avec les bons endroits équivalents de nos classiques et qui mériterait d'être transcrite sans coupures :

PETOLARD

Bertat es qu'on aten...
Ou mêmo un boun priurat ; car lou mèstre qu'on a
Se se fai patriarcho, el lou pot be douna.

SANCHO

Patriarcho ! un guerriè tout tal coumo pot èstre
Un Cid, un Amadis, ou lou segnou moun mèstre !

PETOLARD

Oui, Sancho.

SANCHO

Es-el poussible ?

PETOLARD

Acos trop bertadè.

SANCHO

Pèi, quan es patriarcho, el fai soun escudè ?...

PÉTOLARD

Chantre ou theologal ou quicon de semblable ;
E quan n'ou fario pas, coumo tout es fesable,
Uno capelanio nou li pot pas fugi.

SANCHO

Mais s'el es maridat e nou sap pas legi ?

PETOLARD

En tal cas, de la Glèiso el nou pot res pretendre.
....
Bous poudès tout jamai esta de sa musico.

SANCHO

Nou barrio tout autant qu'i boutès moun bourrico ?

PETOLARD

S'el es que bostro bouts, à l'ausi coumo cal,
Rend un soun assès dous qu'es un pauc musical
E que ten del bourdou d'uno grosso sanfoino
Qu'un orb fa bounsina quan damando l'aimoino.
Çà, bejan, digas La.

SANCHO

La.

PETOLARD

Sol.

SANCHO

Sol.

PETOLARD

Mi. Fa. Rè.

SANCHO

Mi. Rè.

PETOLARD

Mal !

SANCHO

Que boulès ! nou m'es tant escarrè

PETOLARD

Cal fa : Mi.

SANCHO

Mi.

PETOLARD

Plus mal !

SANCHO

N'i podi poun escase !

PETOLARD

Qu'ou sarras trop del mièi ! mais çà : Rè.

SANCHO

Rè.

PETOLARD

Gros ase !

Boulès-bous ou pla dire ? ou bous douni un coufat.

SANCHO

Qui ? Bous, me lou douna ! Se bous ères ta fat,
Ardi !...

Sancho, croyant tirer son âne par la bride, tandis que Fernand, déguisé en Apulée, y est attaché :

He ! Hai ! Nou bas pas siègre ; abanço, tè, tè, dic !
Tout jamai ou beirias qu'un ase es fantastic
A passa lou soulhet d'uno petito porto ;
Mais que d'aquel bestial la coustumo s'ou porto.

LOU DUC

Holà ! Sancho, l'amic ! Qui menas-bous aqui ?

SANCHO

Qui ? Moun ase, segnou. Nou lou bèses pas ?

LOU DUC

Qui ?

SANCHO

Moun bourrico estacat.

LOU DUC

Bous rebusas, jou cresi !

SANCHO

(*Après que s'es rebirat*).

Nostro-Damo-del-Pui ! qu'es aços que jou besi ;
Un ome al loc d'un ase ! Acos un enchantur.

APULÈO

Jou soui, moussur moun mèstre, un ancien oratur.

SANCHO

Un oratur, moun ase !

APULÈO

E de la bouno estofo.

SANCHO

Acos fèit ! dins un mes el sara filosofo.
Doun, tout ple de bergougno, el me carra gemi
De beire que moun ase es plus docte que mi.
Mais segne ! es-el poussible ? Un oratur moun ase !
Per mi, nou sabi pas coumo el se pot escase ;
Car jamai de sa bito el nou parlèt lati.
....
Moun ase, moun bourrico, un autre jou-metis,
A qui dounc es bengudo uno ta bèlo barbo,
Que m'abès tan serbit a carreja la garbo,
Lou boi de la forès, tout lou blat al mouli,
Que fasias lou besiat coumo un jouine pouli,
L'amic toutjour fidèl, coumpagnou de moun biatge,
Nou m'abandounes pas ! sias ase encaro un biatge !

Merlin, l'enchanteur, annoncé par un page costumé en petit diable, apparaît et déclare que l'enchantement de Dulcinée peut être conjuré :

Mais el nou se pot autromen
Que pel mouièn de Sancho Panso.

El cal dounc ses tan babilha,
Qu'el se balhe ou laiche balha,
L'uno tout e jamai après l'autro countados,
E sur l'anquè tout nut, ta pla que pare bièn,
Tres-milo-cent-uno fouitados ;
Car de roumpre lou charme acos lou soul mouièn.

SANCHO

Tèsto noun pas de l'aule! A jou tan de fouitados!
A jou dessus moun cul, aqui, toutos countados
Coumo un argen de talho! E lou boun magicièn
Ou bol, m'en sollicito e que li pari bièn!
Buffo! garas qu'i bauc! res plus nou me pressabo!
Malopèsto! fa paure! e tout acos pensabo!
Salhi de l'autre mounde e beni tout esprès!
Jou renègui lou charme e lou charmur après.
Pla pouirioi lou brega, las caussos abaissados,
Quan j'aurioi recebut tout aquelos bouissados,
Ou mêmo lou traina coumo un chi que s'i pruts!
Quan tres mil cent un ans, autan coumo de truts,
Saran passats, beiren s'es juste ou rasounable.
Se nou, *va se con Dios* ou pulèu damb lou diable,
Segnor encantador; noun pas fa lou baccen
Sur moun cul tout fraugnous qu'es un paure inoucen.

Le galant Don Quichotte, Dulcinée, la Duchesse et le Duc usent de tant d'arguments qu'ils finissent par obtenir que le malheureux se dévoue; surtout quand il lui est promis le gouvernement d'une ile en terre ferme. Il a commencé à tenir ses engagements lorsque apparaît la Dolente qui raconte son malheur. Malambrun, le sorcier, lui a ordonné de chercher Don Quichotte à travers toutes les Espagnes, s'engageant, lorsqu'il aurait été combattu par le chevalier de la Manche monté, les yeux bandés, sur un cheval de bois, enchanté, à délivrer la Dolente et ses compagnes de leur barbe monstrueuse. Au nom de la Chevalerie, Don Quichotte accepte l'expédition; mais au moment de partir, il prend Sancho en particulier :

Sabi dounc à l'escart; j'èi quicon à te dire.
Tu beses coumo que nous aus nous enbarcan ;
S'es per un an ou dus jou nou sabi pas quan.
Entretens, Dulcinèo, aquelo pauro damo,
Ressent un desplase que li pechugo l'âmo.

Fai dounc quicon de noble e d'un ome de be :
Denoso l'agulheto e regusso-te be ;
Accoumplis sus toun cul las tres-milo-cent-uno.
Mèi, se bos, jou metis t'en balhare quaucuno,
E fournire lous bims que j'anire causi.

SANCHO

N'abès res plus à dire ? O pla ! fisas bous-i !
Jou me las balhare tapla coumo soui papo !
Capo noun pas de mi ! Tout acos bous arrapo,
Sur lou pun de me mèttre à chibal sus un boi !
E, mardi, que farèi se lou darrè m'escoi ?
Damouras al retour.

DON QUICHOTO

Ta requèsto es fort justo.
Banden-nous e mounten sur lou chibal de fusto.

SANCHO

Banden-nous ; soui tout preste. He be ! qu'i farioi mèi ?
Lou boun Dius nous coundusque e moussegne Sen Pèi !
(Quan es mountat :)
Adiu, prince, princesso ! Adiu, jou soui tout bostre !
Adujas-me, touts dus, de quauque paster nostre.

DON QUICHOTO

(Biroulan lou clau que sert de brido al roussi de fusto.)
Ten-te, brodo, bejan.

Sur aqui, coumo se Clabilegno abio pres la boulado tout lou mounde crido atal :)

Adiu, Sancho ! adiu frai !
El es fort dangerous, se Dius nou lous assisto.

SANCHO

Nous-aus lous entendèn e nous perdon de bisto !

DON QUICHOTO

Tout per charme !

SANCHO

(Sinten lou ben de quauques buffets que lour buffabon à trabès lou bisatge)

Nou se ! Mais aros, d'oun nous ben
Que sintèn per coustat de buffados de ben ?

DON QUICHOTO

Ses doutte Clabilegno a pres soun abantatge
Dins la regioun mouièno oun se formo l'auratge.

SANCHO

(Sinten, après acos, la calou de quaucos estoupos alucados e mesos al bout de dios caneberos que l'on lour aprouchabo del bisatge :)

Pensi qu'à bostre dire el i a quauco rasou,
Mais aros que soufrèn uno extrèmo ardesou.
Plus grando qu'en estiu quan on sarro la garbo,
Doun mêmo j'èi sentit que m'a rimat la barbo,
En quino *religioun* sèn doun aro ?

DON QUICHOTO

Del fèc.

(La dessus lou chibal de boi se mèt en pèços, pel mouièn d'un fèc d'artifice.)

SANCHO

Segnur, tout est perdut ! Jou soui mort !

DON QUICHOTO

Sès un pèc.

Tiro-te lou bandèl, sèn a terro ; couratge !
....
Dounc Malambrun reculo e se ten per bencit !
Intren din lou palais per ne fa lou recit.

Le cinquième acte nous montre Sancho entravé. Tandis qu'il dort dans une cachette où il a pensé éviter les tracasseries, Fernand et Rodrigue l'ont aperçu et, projetant de lui administrer un clystère, l'ont mis aux fers. Leur plan ne s'exécute pas; car le duc et la duchesse arrivent. Sancho s'éveille. Grand tapage à propos du mauvais tour. On va chercher le serrurier qui déclare ne pouvoir ouvrir les entraves; incontestablement elles sont enchantées. Peut-être qu'en les faisant rougir... Résistance de Sancho. Les chirurgiens surviennent. Leur consultation assaisonnée de galimatias fait ressortir l'urgence de couper les pieds ; tout au moins un. Sancho refuse, se lamente, se désespère, repousse tous les conseils, toutes les exhortations. Enfin il cède à la promesse renouvelée de la pension et du gouvernement. Grand déploiement de scies démesurément larges et de pelles rougies pour cautériser la plaie : on va procéder à l'opération. Sancho défaille... et la clef des entraves se retrouve.

Nous ne détacherons pas un seul vers de ces huit scènes si attrayantes et si fermement traitées, par crainte de ne plus savoir nous arrêter si nous commencions à transcrire. Ici surtout serait intéressant le rapprochement avec nos classiques du théâtre, Molière en particulier. François de Cortète a ressenti l'influence du Maître Comique. L'audition ou la lecture de ses pièces lui ouvrirent la voie propre à son génie mieux fait encore pour la comédie que pour la pastorale. En considérant la perfection avec laquelle il s'approprie la manière de son modèle, sans perdre sa personnalité, nous sommes autorisés à penser que nous aurions, nous aussi Gascons, un maître glorieux, si la révélation lui fut venue avant l'extrême vieillesse..

Assurément Sancho-Panso n'est pas de touts points irréprochable. L'auteur reste prolixe en quelques passages. Reproche non moins grave : il n'enferme aucune conclusion dans le dénouement Là était l'écueil à grouper les épisodes du récit. Ne l'a-t-il pas vu, ou bien a-t-il préféré y échouer que créer à côté de Cervantès ? Peu importe. N'insistons que sur le progrès accompli depuis la charmante mais un peu mièvre ***Miramoundo***, depuis ***Ramounet*** mieux campé mais encore gêné dans trop de fatras et donnons la préférence à ***Sancho-Panso*** où malgré les critiques formulées ici, la note juste domine au point de nous rappeler le faire de Poquelin.

Pour finir, quelques mots sur une sorte d'élégie inspirée par le mauvais état de la promenade d'Agen, le Gravier, que la Garonne ravageait. Cette poésie est la seule page de François de Cortète qu'actuellement on connaisse un peu, grâce aux diverses reproductions dues à des revues locales ou à des études sur la littérature d'oc. Relevons celle qui figure dans l'***Histoire littéraire du Midi de la France***, de Mary-Lafon. L'auteur, aussi léger en matière de précision que virulent en fait d'insultes, — voir son pamphlet : ***Cinquante ans de vie littéraire***, — non content de servir une traduction exacte par à peu près, attribue l'élégie en question à un Raymond de Cortète, inconnu de nous, mais qui occupa peut-être, parmi les ascendants du poète, le rang de bisaïeul ou de trisaïeul

Jean-Jacques, nous l'avons dit, porta la main sur ces stances. Il leur imposa ensuite ce titre abrégé : *Las lèrmos del Grabè*, au lieu de celui-ci : *Las lèrmos escampados sur lou bord destapat del Grabè d'Agen*, un peu trop long sans doute, mais qui a l'avantage d'être clair. Nous ne les publierons pas ici, non plus que le *Sounet*. Nous n'ajouterons rien au jugement de M. le doct. Noulet qui déclare le sonnet comparable aux meilleurs de la Bellaudière et *Las lèrmos*, à cause de l'enflure en vogue à laquelle il est trop sacrifié, d'un tour tranchant du tout au tout avec celui des Pastorales.

⁂

Nous voici parvenu au terme de notre Notice. Nous croyons n'avoir pas manqué à la résolution prise de demeurer simple et de nous effacer au lieu de suivre en ses écarts ce genre d'étude littéraire où la subtilité des aperçus personnels, les digressions et réminiscences de toute sorte élèvent un piédestal, en apparence à l'écrivain analysé, en réalité à l'analyste. Aurons-nous également abouti, comme nous nous le proposions, à raviver et à rendre chère la mémoire de François de Cortète ? Si notre bon vouloir et notre application n'ont pas produit ce résultat, qu'on nous accorde au moins le bénéfice de l'intention, et pour se dédommager de notre insuffisance, qu'on lise ce poète de second ordre, — la langue d'oc en compte-t-elle beaucoup du premier ? — qui fut et restera l'un des plus intéressants dans les Lettres Méridionales.

Agen, Imprimerie Ve Lamy, rue Voltaire, 43.

www.ingramcontent.com/pod-product-compliance
Ingram Content Group UK Ltd.
Pitfield, Milton Keynes, MK11 3LW, UK
UKHW021531260726
13993UKWH00004B/1922